PREMIÈRES LEÇONS
DE LECTURE

Rédigées sur un plan entièrement nouveau

ET ACCOMPAGNÉES D'EXERCICES GRADUÉS SUR CHAQUE LEÇON

A L'USAGE DES JEUNES ENFANTS

Par A. L.

> Diviser chacune des difficultés en autant de parcelles qu'il se peut et qu'il en est besoin, pour les mieux résoudre.
> (DESCARTES, *Discours de la Méthode*).

PARIS
CHEZ ACHILLE FAURE, LIBRAIRE
BOULEVARD SAINT-MARTIN, 23
1861

PREMIÈRES LEÇONS
DE LECTURE

Rédigées sur un plan entièrement nouveau

ET ACCOMPAGNÉES D'EXERCICES GRADUÉS SUR CHAQUE LEÇON

À L'USAGE DES JEUNES ENFANTS

Par A. L.

Diviser chacune des difficultés en autant de
parcelles qu'il se peut et qu'il en est besoin,
pour les mieux résoudre.
(DESCARTES, *Discours de la Méthode*).

PARIS
CHEZ ACHILLE FAURE, LIBRAIRE
BOULEVARD SAINT-MARTIN, 23
—
1861

La disposition complétement nouvelle de ces leçons est la propriété de l'auteur. Toute reproduction ou imitation sera poursuivie comme contrefaçon.

Tout exemplaire qui ne porterait pas la signature de l'auteur sera réputé contrefait.

Leçons nouvelles de lecture et de prononciation, rédigées sur un plan entièrement nouveau et accompagnées d'exercices gradués sur chaque leçon, par A. L.

PREMIÈRE PARTIE, comprenant les syllabes, l'accent écrit, les consonnes doubles et finales, et l'union des syllabes dans les mots dont la prononciation est régulière.

DEUXIÈME PARTIE, comprenant les mots dont la prononciation offre des difficultés, l'accent tonique, la liaison des mots, les premières notions de lecture à haute voix, et quelques exercices sur la prononciation du latin.

Paris. — Imp. de EDOUARD BLOT, rue Saint-Louis, 46.
(Ancienne Maison Dondey-Dupré.)

AVERTISSEMENT.

Les premiers éléments de la lecture offrent de sérieuses difficultés à de jeunes enfants. Ils se trouvent, dès le début, arrêtés par une longue nomenclature de lettres et de syllabes, qu'ils ne peuvent retenir sans un grand effort de mémoire et une attention soutenue, dont la mobilité de leur esprit les rend peu capables. Aplanir, en les simplifiant, ces premières difficultés, et familiariser peu à peu l'élève avec la lecture, tel est le but de ce petit ouvrage.

Pour cela, nous avons consulté le goût de l'enfant : « peu à la fois et chaque jour du nouveau », et nous avons cherché à y conformer notre méthode. Un coup-d'œil jeté sur la table des matières fera comprendre le plan que nous avons suivi.

1re Leçon. — *a, e, é, i, y, o, u.*

2e Leçon. — *r, ra, re, ré, ri, ry, ro, ru.*

Exercice 2. — Syllabes isolées.

Exercice 3. — Mots comme *i ra, ri re, a é ré*, composés exclusivement des syllabes qui forment l'objet de cette leçon.

3e Leçon. — *l, l, la, le, lé, li, ly, lo, lu.*

Exercice 4. — Syllabes isolées.

Exercice 5. — Mots comme *é lu, li re, é li ra*, composés exclusivement de syllabes formées par les voyelles, soit isolées, soit combinées avec les seules consonnes *l, r*. Ces mots sont faciles à lire, puisqu'ils sont décomposés en syllabes et qu'ils n'en renferment aucune que n'ait fait connaître la leçon du jour, ou l'une des précédentes.

Nous avons suivi la même marche pour les autres leçons, limitant chacune d'elles à l'étude d'un petit nombre de syllabes que de nombreux exercices gravent profondément dans la mémoire de l'élève, à mesure qu'il les étudie. Ces exercices sont en même temps une récapitulation de tout ce qui précède, de sorte que ce qui a été appris ne s'oublie plus et qu'on épargne à l'enfant l'ennui de revenir sans cesse en arrière. En faisant suivre ainsi la théorie d'exemples qui la complètent, et en nous appuyant toujours sur le connu pour arriver graduellement à l'inconnu, nous espérons avoir rendues plus faciles la tâche du maître et celle de l'élève.

Ces leçons, loin d'être un traité complet de lecture, sont destinées simplement à familiariser le jeune enfant avec les signes que nous employons pour exprimer nos pensées, et à lui aplanir les premières difficultés d'une étude si ardue. Nous avons dû, dès lors, nous borner à faire connaître les syllabes les plus simples et les plus faciles, celles qui sont formées par une consonne suivie d'une voyelle. On pourra même, sans inconvénient, laisser de côté la lettre *x*, dont la prononciation difficile demande, pour être bien comprise, la connaissance préalable des sons *eg* et *ec*.

On peut enseigner cette méthode avec ou sans épellation. Toutefois, nous conseillons de n'épeler que les syllabes placées en tête de chaque leçon, et de lire sans épellation l'exercice composé de syllabes isolées. Les consonnes se prononcent *be*, *ce*, *de*, etc., et les voyelles, non surmontées d'un accent, conservent partout le son bref qui leur est propre. Ainsi, dans *féerie*, *fé* et *ri* auront le même son que dans *café*, *favori*, et on ne tiendra aucun compte de l'influence de la muette *e* sur la syllabe précédente ; seulement on prononcera ce mot en quatre temps, en observant un léger silence entre chacune de ses parties.

Nous n'avons pas suivi l'ordre alphabétique, nous avons commencé par les syllabes qui nous ont paru les plus faciles à retenir et qui nous ont offert le moins de difficultés dans la composition des exercices. Notre plan, en un mot, a été celui-ci : simplicité et clarté.

PREMIÈRE LEÇON.

a e é
i y o u

EXERCICE 1.

u o e i é

e a o é u

a é e u i

é a o i e

Prononcez *e, é, a, i, y, o, u,* comme dans *venu, été, ami, ici, type, ioto, uni.* Il est important de donner aux voyelles le son bref indiqué ci-dessus. Puisqu'on ne dit pas *âmi, iôtô,* on ne doit pas prononcer *â, î, ô,* comme si ces voyelles étaient surmontées d'un accent circonflexe.

DEUXIÈME LEÇON.

r

ra   re   ré

ri   ry   ro   ru

EXERCICE 2.

ri   re   ro   ra   ré

ru   ry   ré   re   ra

ré   ro   ru   ri   ry

EXERCICE 3.

u ri,   ri o,   ri ra

i ra,   ru a,   a re

rie, rue, rire, rué

a é ré, a ra, ra re

a é ra, a é ré e[1]

TROISIÈME LEÇON.

l

la   le   lé

li   ly   lo   lu

---

[1] Il faut habituer l'élève à lire sans épellation et à prononcer chaque syllabe distinctement et avec sa valeur propre, en observant un léger silence entre les différentes syllabes d'un mot. Ainsi, dans *aérée*, les trois syllabes *a é e* auront le même son que dans l'exercice Ier, et *ré* se prononcera absolument de la même manière que dans *aéré*, sans qu'on ait à s'inquiéter de l'influence de la muette *e* sur la syllabe précédente. Nous parlerons plus tard de la lecture des mots, mais dans cette leçon et les suivantes on ne doit s'occuper que des syllabes. C'est là un point important, qu'on ne saurait négliger sans nuire beaucoup aux progrès des élèves.

EXERCICE 4.

li　le　lo　la　lé
lu　ly　lé　le　la
lé　lo　lu　li　ly

EXERCICE 5.

a li,　li ra,　lé ré [1]
é lu,　lu re,　li ré
li a,　li re,　ly re
lu e,　lu ri,　lu ry
li é,　lé ry,　re lu

---

(1) Bourg près de la Loire (Cher). Le désir de donner une certaine étendue à nos exercices et le peu de mots français remplissant les conditions voulues nous ont obligé quelquefois à avoir recours au dictionnaire géographique. Nous n'avons forgé aucun mot, et tous ceux que nous avons employés se trouvent soit dans le dictionnaire français, soit dans le dictionnaire historique et géographique.

ly e, é lu e, re li é
é li ra, ré é lu
re li re, ré é li ra
ré é lu e, la ré o le

QUATRIÈME LEÇON.

t

ta te té
ti ty to tu

EXERCICE 6.

ti te to ta té

tu ty té te ta
té to tu ti ty

EXERCICE 7.

ta ri, ra ta, ra té
ti ré, ré ty, ta ré
lu té, i o ta, é li te
é ta la, u ti le, ti ra
a li té, i lo te, tu é
é ti ré, é ta le, lo to
é té, é ti ra, é ta lé
a li te, tu a, é to le
re ti re, ta ri ra

EXERCICE 8.

ta ra re, a ta la, re la te
ra tu ré, ro tu le, to ti la
la to ne, ra tu ra, é ti re
ra tu re, ti ty re, to lé ra
i nu ti le, u ti li té
ré i té ré, lo te ri e
i ta li e, to lé ré e
é ti o lé, ré i té ra
la ti tu de, to ta li té
ré a li té, é to li e

CINQUIÈME LEÇON.

m

ma   me   mé
mi   my   mo   mu

EXERCICE 9.

mi me mo ma mé
mu mi mé me ma
mé mo mu mi my

EXERCICE 10.

a mi, la me, ra ma
é mu, ri mé, ma re

ra me, li ma, mi ré
ma ri, li me, la ma
ri me, li mé, mi lo
mu le, mo ra le
mu ra le, ro me

EXERCICE 11.

a mi e, i mi té, é mu e
mé ry, é mi le, mu ré
u lé ma, ri ma, é ta mé
é ta me, i mi te, mé ro é
to ma te, mi li te, ma ri é
li mi te, ma ri a, mé ri té
li mi té, mu ti le, o mo a

ra mé e, mu ti la, ma rie
ma ré e, re mu e, mi ra
é me ri, mo re, mo ta la
ri mé e, mé ri ta, mi re
ti mo ré, ma tu ri té
ma ri ti me, mo ré e
mo mi e, mo ra li té
ti mo ré e, ma ta ro
mu ra to, é mé ri te
té mé ri té, é mi li e
a lu mi ne, mé ri té e
a ro ma te, é mu le

———

SIXIÈME LEÇON.

n

na ne né
ni ny no nu

EXERCICE 12.

ni ne no na né
nu ny né ne na
né no nu ni ny

EXERCICE 13.

mi ne, te nu, ni e
me né, té nu, ni é

mi na, no té, u ni
no te, mu no, no é
nu ma, mi me, i no
né ré, mu ni, u ne
a na, nu é e, no ta
nu e, ma ni e, tu e
té na re, ma ri né
né mé e, li a ne
te nu e, ma ri ne
mi ni me, u ni té
re te nu, na tu re
u ni ra, ma ti né e

EXERCICE 14.

a ni me, ra ni mé
ré ti ne, a ro na
ru mi ne, nu mé ro
é ma né, ro ma ne
a ni ma, ra ni me
mu ti né, mi nu te
ri mi ni, mu ti ne
ra ni ma, lu ti ne
a no ny me, dé ni e
dé ni é, a ni me ra
mu ni ra, i ro ni e

EXERCICE 15.

la ti ni té, é li mi ne ra
re te nu e, mo no ma ni e
mu ti ne ri e, u ra ni e
a li né a, mé lo ma ni e
mé to ny mi e, i na ni mé
i ré né e, mo no to ni e
é lé o no re, ré u ni ra
ho mo ny mi e, a to ni e
re ma ni e, é nu mé ré
mo no ma ne, a ri a ne
é li mi ne, nu mé ro té
a né mo ne, é nu mé ra
nu mé ro ta, dé na tu ré
mé lo ma ne, mo no to ne

SEPTIÈME LEÇON.

d

da   de   dé
di   dy   do   du

EXERCICE 16.

di   de   do   du   dé
du   dy   dé   de   da
di   do   du   di   dy

EXERCICE 17.

o de, de mi, mo de
i da, du re, da ta

du e, lo di, do re
ri dé, di te, mi di
da me, du o, ra de
ru de, do du, di re
do té, du ne, lé da
du ra, do te, da té
dé ni, di na, du ry

EXERCICE 18.

é tu de, i dé e, dé li a
i do le, ty dé e, ru a de
di a ne, dé i té, re du e
é di le, du re té, do ra de
di la té, mé dé e, dé li re

é lu de, re di te, a do ré
u di ne, dé li é, do mi no
dé ri dé, a du le, mé di té
a ri de, lé ri da, dé da le
ti ra de, dé di re, da li la
dé di a, du ré e, di la té
do ri de, re du e, do ria
re du, ma la de, do du e
ti mi de, re di re, dé te nu
do do ne, a do re, ti mi de
dé di ra, dé li e, nu mi de

EXERCICE 19.

mo de, dé bu té, do ru re
dé do ré, du re, dé do re

li mo na de,   nu mi di e
é né i de,   di mi nu é
a du le ra,   né ré i de
my ri a de,   é di li té
mé lo di e,   di mi nu a
i du mé e,   ma la di e
dé na tu ré,   di o ra ma
o ré a de,   té mé ri té
re mé di a,   a mé dé e
mé di a ne,   é tu di é
dé mé ri té,   dé mo li ra

HUITIÈME LEÇON.

p

pa   pe   pé
pi   py   po   pu

EXERCICE 20.

pi pe po pa pé
pu py pé pe pa
pé po py pu pi

EXERCICE 21.

ép i, ta pe, du pé
pu ma, pi e, pe lé

ty pe, pi lé, pa pe
pa pa, du pe, pé ri
pu re, a pi, la pe
pa ré, ta pa, pi re
pi le, la pé, pa re
pi pe, po re, pa ri
ta pi, pa ra, ta pé
pu ni, po li, pa ru

EXERCICE 22.

é pi re, py la de, dé pu te
pe ti te, é pé e, é li de
ré pa re, pa ra de, é pi é

pé da le, la pi dé, pi ra te
pu ni ra, po ly be, po te lé
pa na de, li pa ri, pe lu re
é ta pe, pi lo ri, py ra me
é pi e, la pi de, pé ri ra
pi ré e, ré pa ra, pa ro le
é pi ne, pa ta te, a ri de
pé pi e, pa ti ne, dé pa re
py ri te, pa ri a, ré pa ré,
ra pi ne, pa ri té, pu ré e
ra pi de, dé pu té, pa ra
re pu e, pa ru re, pé ro re
pa ri é, ré pu te, py lo re
pi lo te, pa ri e, pa ra na

u to pi e, pe lo te, é pu re
o pa le, po li ra, pé ta le

EXERCICE 23.

pa no ra ma,   po mo ne
mo no po le,   pa na ma
pa la ti ne,   mé lo pé e
ma ni pu le,   pé nu ri e
é po pé e,   ra pi di té
py ra mi de,   po ly do re
pé né lo pe,   la pi de ra
pi ra te ri e, po te ri e
mo no pé ta le, i no pi né
po mé ra ni e, pa ro di e
é pi dé mi e, pu é ri li té

po ly pé ta le, pa pe te ri e
pa li no di e, po pu la ri té

NEUVIÈME LEÇON.

V

va ve vé
vi vy vo vu

EXERCICE 24.

vo vi ve va vé
vu vy vé ve va
vé vo vi vu vy

EXERCICE 25.

pa ve, ve nu, di ve, a va
ri ve, vo lé, vi ve, re vu
la ve, la va, vi le, vi dé
ra ve, vé da, vi re, vo té
vo le, vi da, vi te, ri vé
vo te, né va, vu e, pa vé
va ne, vo ta, vo la, va lu
o va le, é vi té, re vu e
va ri é, o li ve, a vi li

EXERCICE 26.

o vi de, ré vo lu, va ri e
é vi ta, a va le, é va dé
vi ri le, dé vi a, é pa ve

dé ri vé, é tu ve, ri vo li
va lu e, vé ri té, na vi re
vé né ré, dé ri ve, ré vé la
vi ro le, va ni té, dé vo re
ré vo lu, é vi te, va li dé
ra vi ve, vé né ra, vo lé e
dé vo lu, vé li te, re le vé
a va re, ra vi vé, vi da me
vo le ra, re ve nu, li vi e
na va le, vi ré, mo ti vé
le vé, ve nu e, de ve nu

EXERCICE 27.

da vi la, de vi ne, a ve nu e
ra vi ne, ré vé ré, a vi di té
lé vi te, dé vi dé, é va lu é

ni ni ve, mo ti va, a vi li ra
vé ro ne, vo lu me, li vo ni e
re vi ve, pa vi e, di vi ni té
va li de, pa va ne, vi vi pa re
vo lu te, vo le ri e, o vi pa re
ré vo lu e, a va ri é, de la va re
va li de ra, é va po ré, a va ni e
na ti vi té, a ve li ne, dé vo lu e

DIXIÈME LEÇON.

S

sa   se   sé

si   sy   so   su

EXERCICE 28.

so se si sa sé
su sy sé se sa
sé so su si sy

EXERCICE 29.

si re, sé vi, so lo, sa le
se mi, se ma, se mé
sé pa ré, sa la de, si lo
so no re, si tu é, sy ri e
si mu la, su bi ra, so le
sa tu ré, sa lé, sé ni le
si te, sé ri e, so li de
si lo é, sa me di, so da
sa va ne, sé vi ra, su bi

sé ne vé, sa li ne, sa pe
su bi te, sy ra, sé pa ra
sa ti re, si ma re, se mé
si mu lé, sa ty re, sa ra
so na te, sa pa, sa lu re

EXERCICE 30.

sa li ra, sé pi a, sy no ny mi e
se ri ne, si mu le, su pé ri o ri té
so li ve, sa ti né, si mi li tu de
su ra te, sa la rié, si mu le ra
so li tu de, sé ré ni té, sa li ve
sy no de, sé pa re ra, si mo ni e
sy ba ri te, so no ri té, sa pi de
sé i de, sé da ti ve, si dé ra le
sa pi di té, sé ré na de, sa lu é

su a ve, sy no ny me, su a vi té
sé vé ri té, sa ma ri e, sé mé lé
sé pa re, si mo ni de, so li di té

ONZIÈME LEÇON.

f

fa   fe   fé

fi   fy   fo   fu

EXERCICE 31.

fo   fe   fi   fa   fé
fu   fy   fé   fe   fa
fé   fo   fu   fi   fy

2.

EXERCICE 32.

fa de, so fa, fi le, fi lé
lo fe, fe ra, fu me, fé tu
fa ne, fa mé, fi ne, dé fi
fé e, fu ma, fa na, fi ni
fa né, fo ré, fa ro, fi la
fa ri ne, fé dé ré, fi na le
fo li o, fa mi ne, ré fé ra
fa ta le, dé fi lé, fo li e
fu mé e, fa vo ri, fé ri é
dé fi ni, fu ri e, fu ti le
fu tu re, fi le ra, ta ri fé
fi ni ra, ra fa le, dé fi e
fé ti de, ré fu té, fa ti me
mé fi e, mé fi é, ré fu ta

EXERCICE 33.

ré fu te ra, fi dé li té, é di fi a
fé dé ra le, fé mi ni ne, pu ri fi é
dé fi le ra, fa vo ri te, fé lo ni e
mo di fi e, ra ti fi a, fa ta li té,
fé e ri e, é di fi e, vi vi fi é
dé fi ni ra, fi li a le, té né ri fe
fu ti li té, vé ri fi e, fi la tu re
fé o da le, dé i fi é, so li di fi é
fé dé ra ti ve, fé o da li té, fu re ta
pu ri fi e ra, é di fi e ra, vi vi fi e ra

DOUZIEME LEÇON.

b

ba   be   bé
bi   by   bo   bu

EXERCICE 34.

**bo be bi ba bé
bu by bé be ba
bé bo bu bi by**

EXERCICE 35.

ba de, su bi ra, sé bi le
o bi, sa bi ne, ba na ne
bu re, bo ré e, o bé i
bé ni, dé bi té, a ra be
ro be, su bi te, li by e
ba ba, dé ro bé, tu be
mo bi le, bé ni ra, a bo
bu de, o bo le, da nu be
dé ro be, bo a, bu té

bo ni, bo re, ti bi a
nu bi e, bu ri né, su bi
bu e, a bo li, ba di ne
dé bi té, bé ni te, ba ri
bo bo, a li bi, bé vu e

EXERCICE 36.

lu bi e, bé a ti tu de, bo ni fi e ra
re bu té, ti bé ri a de, ba di ne ri e
dé bi le, bé a ti fi e, bé a ti fi é
ba ro da, a bo li ra, o bé ré e
bo bi ne, ba ro ni e, dé ro be ra
bu ti né, o bé i ra, a ra bi e
ba ry te, dé ro bé e, sy ba ri te
dé bu ta, ba by lo ne, i bé ri e
ra bo te, é la bo ré, mé li bé e
si bé ri e, dé bi li té, bo ré a le

TREIZIÈME LEÇON.

h

ha   he   hé [1]

hi   hy   ho   hu

EXERCICE 37.

ho   he   hi   ha   hé
hu   hy   hé   he   ha
hé   ho   hu   hi   hy

EXERCICE 38.

hu ne,   hé ro,   ha va ne

---

(1) *H* ne forme jamais d'articulation ; ainsi *he, hé, ha,* se prononcent comme *e, é, a.*

ma hé, ba hi a, ha bi le
hu me ra, la hi re, hé bé
hu re, é vo hé, ho no re
ha bi té, hu mi de, ha lo
ha ha, sa ha ra, ha bi te
hu mé, a hu ri, hé ro de
ha le né, ho no ré, ha ro
hu é, hé ru le, ha bi ta
hé ri te, ho no ra, hé ry
hé lé, la ho re, hé ri ta

EXERCICE 39.

hé pa ti te, ho mé li e, hu mi li é
ha bi te ra, hu mi li e, hu ni a de
hé ré di té, ho no re ra, ha bi tu é
hi la ri té, hu mi li a, ha bi le té

héritera, honorée, habitera
habitue, humilité, hyménée
hylée, humidité, habitude
homonyme, hérité, hébété

QUATORZIÈME LEÇON.

Z

za ze zé
zi zy zo zu

EXERCICE 40.

zo ze zi zo zu
zu zy zé ze za
zé zo zu zi zy

EXERCICE 41.

zo é, zé bu, za ra, a zy
za ma, é zy, su ze, zé ro
a zé, u za, re zé, lu zy
ma zé, bi ze, bo za, di zy
zé lé, du ze, mo zé, bi zy
a zo te, zé mi re, la za re
a zu ré, za mo ra, a vi ze
ve ni zy, li me zy, do zu lé
a zu ra, to pa ze, zo py re
o zo le, re na zé, zu lé ma
zi li a, a zy mé, zi za ni e
ma za ri ne, vé ze li ze
i zy, a ze ro le, zé no bi e

zi be li ne, i zé, a zu ré e
é pi zo o ti e, a ma zo ne

QUINZIÈME LEÇON.

j

ja   je   jé

ji   jy   jo   ju

EXERCICE 42.

ju   jy   jé   je   ja
jo   je   ji   ja   jé
jy   jé   jo   ju   ji

EXERCICE 43.

ju da, je té, ja va, jé hu
jo li, ju ré, ju re, lo ja
jo ze, je ta, ju pe, ju ba
ju bé, ju ra, ja de, ju ry
je té e, ja ve lé, ju li e
ja ni na, ju ni e, jé ho va
ju dé e, mi jo té, ju ju be
ja pa ra, ju bi le, ja vi e
ju bi lé, ju re ra, ju ré e
jé ré mi e, jo zo, jo vi a le
ma jo ri té, ja ve li ne
dé ja ni re, ju vé ni le
ja ve lé e, jé ré mi a de

SEIZIÈME LEÇON.

g

ge gé gi gy

EXERCICE 44.

gé gi ge gy gi
ge gé gy gé ge

EXERCICE 45.

gé mi, i ma ge, re fu ge
na ge, ru gi, ti ge, a gi
gé mi ra, é gi de, é ri ge
gé ta, gé tu le, ré gi me
ge lé, ju ge, fi gé, ré gi

gi ra fe, a gi té, ru gi ra
gé ré, ju gé, lo ge, lo gé
mu gi, ma gi e, mi ra ge
é ri gé, ré a gi, ri gi de
na gé, pa ge, sa ge, li ge
a gi le, hé gi re, dé ge lé
vé gé ta, dé lu ge, gé ni e
é lo ge, vé gé té, ra va gé
po ta ge, a gi ra, ri va ge
ju gé e, na ge ra, di ri gé

EXERCICE 46.

sy zy gi e, i ma gi né, di ri ge ra
gé la ti ne, gé tu li e, a ju ta ge
di gi ta le, ré a gi ra, ré gé né ré
o gy gi e, gé li no te, dé gé né ré
vé gé te ra, a pa na ge, ra do ta ge

ra va ge ra, a gi li té, lé gi ti me
dé mé na ge, é ri ge ra, é ta la ge
mo ri gé né, dé mé na gé, ré gé-
né ra, gé ol o gi e, gé né ra li té
zo o lo gi e, lé gi ti mi té, nu mé-
ro ta ge, i ma gi ne ra, a ré o page
é ty mo lo gi e, mi né ra lo gi e
gé né a lo gi e, o ri gi na li té
dé gé né ré e, mé té o ro lo gi e

DIX-SEPTIÈME LEÇON.

g

ga   go   gu

EXERCICE 47.

gu   ga   go   ga   gu

go   ge   gi   ga   gé
gu   gy   gé   ge   ga
gé   go   gu   ga   gy

EXERCICE 48.

ga la, go be, pé gu, ri ga
ga zé, a ga, ga re, go bé
vé ga, vi go, ga za, go dé
ga ra, go a, go ba, go zo
fi gu ré, ga ba re, lu ga no
ga lo pe, ro vi go, go be ra
fi gu re, é ga lé, lé gu me
la gu ne, o né ga, ri go le
a ga mi, go ré e, la do ga
ré ga lé, fi gu ra, é ga le

EXERCICE 49.

gé ré, fa go té, é ga ré, pa go de
ga ré, ma la ga, ga ge ra, ga lo pé
ru gi, ré ga le, ga lo pa, la mé go
mi gé, gi go ta, a ga pe, be zo ge
ga ge, ga la te, no ga ro, bo go ta
gé ra, ga gé, é ga la, li ga tu re
ma ge, do ge, é ga li té, ta ba go
é ga le ra, mé ga re, ga le ri e

EXERCICE 50.

dé fi gu ré, é ga ré e, ma ri a ge
la mi na ge, a po gé e, ga lo pe ra
ra va ge ra, po ly go ne, ré di gé e
lé ga li té, pa ga ni ni, hé ri ta ge
sé go vi e, ro do gu ne, fi gu re ra
ni a ga ra, ré ga la de, a na lo gi e
ga li o te, a po lo gi e, é la ga ge
ga li lé e, i né ga li té, a gi o ta ge
li gu ri e, ré gu la ri té, dé fi gu re ra
né ga ti ve, pé da go gi e, a ré o pa gi te

DIX-HUITIÈME LEÇON.

c

ce   cé   ci   cy

EXERCICE 51.

ci   ce   cy   cé   ce
cy   cé   ce   ci   cé

EXERCICE 52.

cé da, ci re, cé dé, ci ré, bu cy
vi ce, fa ce, ce lé, ci ta, ci ra
ni ce, su cé, no ce, ci té, ce la,
ci ry, ce ci, ra ce, lu cy, ci li ce
dé cé dé, sa ga ce, dé ci da, i ci
né go ce, a cé ré, ci ga le, ré ci ta
ga li ce, dé ci dé, fé ro ce, ci te ra
si ci le, cé ta cé, dé ci de, vi va ce
ly ci e, mi li ce, re ce lé, ci re ra

EXERCICE 53.

ré ci te,   ra pa ce,   lu ci de,   cé le ri
ra ci ne,   ré ci té,   ta ci te,   cé ci té
ci ga re,   dé ci dé,   hé ri cy,   dé ci mé
ci ta di ne,   cé lé ri té,   cé no bi te
ré ci te ra,   fa ci li té,   po ly ni ce
do mi ci le,   mo di ci té,   sa ga ci té
a va ri ce,   bé né fi ce,   fé ro ci té
né go ci a,   é di fi ce,   bo ni fa ce
ci vi li té,   fa ci li té,   ma lé fi ce
vo ci fé ra,   lu ci di té,   do ci li té
cy né gy re,   dé ra ci ne,   ra pa ci té
vi va ci té,   dé ra ci na,   cé ré mo ni e

DIX-NEUVIÈME LEÇON.

c

ca   co   cu

EXERCICE 54.

cu   ca   co   ca   cu

co   ce   ci   ca   cé
cy   cu   cé   ce   co
cé   ca   cu   co   cy

EXERCICE 55.

co de, ca di, cu be, ca fé, ca ge
cu ré, cu ve, mi ca, co te, co co
ca ve, é cu, ca pe, cu ba, ca lé
cu vé, ca ne, vé cu, ca le, cu re
za ca, co lo re, ca na ri, é co le
ca no va, si ro co, ca vi té, co pie
ca na pé, cu ru le, ca ba le, co pi é
ca ba ne, cu mu lé, ca bi ne
dé co ré, bo ca ge, mo na co
ca ho te, ca li fe, co mi té

EXERCICE 56.

ca na da, pi co ré, cu ra ge, cu ri e
ca va le, co pi a, co lo ré, ma ca o
ca jo le, ca mé e, pi co té, fé cu le

ca jo lé, ca ra fe, ca jo la, cu ré e
ca ni ne, la cu ne, ca ly bé, co hu e
ca ho té, é cu me, cu mu la, dé ca ti
ca li ce, dé ci mé, cu mu le, dé ci ma
ca ri e, ca po te, ho ra ce, cé ri go
cu pi de, dé li ca te, é co no mi e
ca té go ri e, ca du cé e, ca ho te ra
co a gu lé, cu ra ti ve, ca jo le ri e

EXERCICE 57.

sé cu ri té,   co a gu le,   ca bo ta ge
ma ca ro ni, dé di ca ce, po ly go ne
ca la mi té, co lo ni e,   ca ra bi ne
ca ra co lé, dé ca go ne, ca ma ra de
zo te ri e,   ca ni cu le,   ca pa ci té
ja ni cu le, ca pi ta le,   ca ra co le
ca ré na ge, co mé di e,   ca ra va ne
ca pi tu lé, co ri a ce,   re cu la de
ca pi tu la, cu ri a le,   ca pu ci ne
ca jo le ra, co o pé ré,   ca ra pa ce
ca pi tu le, lo ca li té,   ca mé li a
ca li gu la, cu pi di té,   ré cu pé ré
ca ti li na, co o pé ra,   dé co lo ré

VINGTIÈME LEÇON.

k

ka   ke   ké
ki   ky   ko   ku

EXERCICE 58.

ku   ky   ké   ke   ka
ko   ke   ki   ka   ké
ky   ké   ko   ku   ki

EXERCICE 59.

mo ka, co ke, ké ma, ki lo, ko ba
bo ki, ka ki, ki o, la ka, ca ny
ta ku, ko mi, ku ru, ca na, ka li
ko ro, ki na, mo ko, ra ca, su cy
ko ka ko, ma ko a, ku ri te, ki to o

ka by le, té ké li, ké i ri, ko la o
karabé, kaléda, kyrié, kakuru
a co ly te, va ni ko ro, ki li a re
sy mo do ce, su bi a co, ko ré i te
vé hi cu le, a ka ro a, a ma ka ta
ho no lu lu, ti na ko ro, cy a na te
hu ma ca o, go da vé ry, cyanure

VINGT-UNIÈME LEÇON.

q qu [1]

qua que qué

qui quy quo qu

---

[1] La lettre *q* n'est jamais suivie immédiatement des voyelles *a, e, i, o*, de sorte que *qu* doit être considéré généralement comme une seule lettre. Par conséqent, *qua, que, qué*, se prononceront *ka, ke, ké*. La syllabe *qu* ne se rencontre que dans une trentaine de mots, comme *ubiquité, équestre, quintuple*, et alors elle se détache de la voyelle suivante : *ubi qu ité, é qu estre, qu intuple*. Dans *piqûre*, qui s'écrivait *piquure*, l'accent circonflexe remplace la lettre supprimée.

EXERCICE 60.

quo quy qué qu qua
qu que qui qua que
qua qué quo qui qu

EXERCICE 61.

mo que, pi qué, nu que
qui ne, la que, pi qua
co que, mo qua, va que
mo qué, pi que, to qué
lo que, ci vi que, ca que
qui to, lo gi que, quo te
do ri que, a ru dy, é po-
que, bé qué e, ca ci que
é vo qua, ly ri que, ta-
qui né, ta hi ti, qua li té

quotité, bétique, éaque
tivoli, piquée, taquina
inique, équipé, zacapa

EXERCICE 62.

ty pi que, é vo qué, cy ni que
ré vo qua, co ni que, ba ha ma
pa ni que, qui no la, ca du que
li qui da, ca ta ne, é du qué
to pi que, ré vo qué, cu bi que
da me ry, mo di que, é qui pa
qui ni ne, u ni que, cy zi que
co bi ja, re li que, li qui dé
sa li que, co mi no, mi mi que
pu di que, ta vi ra, mé ca ni que
qui é tu de, é pi que, é qui pa ge
qua li fi e, li qui de, la ca ze
pu ni que, cu ma na, a ré qui pa
li qué fi é, bu co li que, ju ri di que

EXERCICE 63.

gé né ri que, é qui vo qué, zo di a que
ca lo ri que, qua li fi a, o ré no que
fa mé li que, é vo que ra, sy ri a que
vé ri di que, ré vo qué e, so li lo que
ca no ni que, té lé ma que, ju ri di que
qua li fi é, a ra bi que, bu ty ri que
li qui dé e, pa ci fi que, hé li a que
ré vo que ra, bo tani que, é qui vo que
co pi a po, gé né ri que, li qué fi a
li qui de ra, zé té ti que, é vo qué e

VINGT-DEUXIÈME LEÇON.

sa[1]   se   sé

si   sy   so   su

EXERCICE 64.

si   se   sa   sé   so

---

[1] Prononcez ze, zé, za. Lorsque la consonne s ne commence pas le mot, on la prononce comme z. Cette explication, que l'enfant comprendra facilement, suffit pour le moment.

so si zé sa se
sé so su si zy
so ze sy su sa

EXERCICE 65.

ba sa, va se, ca sé, ja se
o sa, bi se, vi sé, di se
po sa, ro se, cé zy, bu se
po sé, sa ve, ja sé, ru se
vi sa, po se, ro sé, pi se
ra sé, vi se, ca sa, do se
ba sé, mu se, o sé, su ze

EXERCICE 66.

a si le, sa lu é, ti sa ne, i so lé
ca sa que, ré so lu, a zo te, a ni sy
di vi se, vi si té, u ka se, jo su é
é so pe, ré sé da, u si ne, a zu ré

**to bo so, cé su re, hé si ta, ju vi sy
pé ga se, hé si té, cé ru se, lé si né
my si e, ca ni sy, vé su ve, dé si ra
vi sa ge, é va sé, ce ri se, ja se ra
lé si ne, si tu é, po to si, re po sé
mu sé e, so si e, a mu sa, ra gu se**

EXERCICE 67.

dé so le, po se ra, cy ti se, re fu sa
ma su re, a mu sé, u su re, re fu sé
me su re, ro sé e, lu sa ce, ré si da
su a ve, me su ré, u sa ge, me su ra
a zu re, dé si ré, re mi se, mé du se
a lo se, ro sa ce, po to se, dé di se
va li se, mo ro se, re li se, é ga li sé
ly si ma que, dé ci si ve, me su re ra

EXERCICE 68.

mo ra li sé, mé ga by se, ca mi so le
ri va li sa, dé so bé i, qua si mo do
é ga li se, fa vo ri sa, mé lu si ne
ci vi li sé, a na ly sé, dé si ra de
pa ra si te, lé ga li sé, dé so le ra

sa mo sa te, co a li sé, sy zy gi e
o né si me, hé si te ra, hé ré si e
sy ra cu se, sa ga ci té, ri va li sa
a le za ne, ré a li sa, dé so bé i ra
pa ra ly si e, hy po ty po se, é co no mi sé
a na ly se ra, po ly né si e, gé o dé si que
ré gu la ri sa, é co no mi sa, gé o dé si e
gé né ra li se, sé cu la ri sé, ca no ni‑
se ra, no na gé si me, gé né ro si té

VINGT-TROISIÈME LEÇON.

e   é   è ⁽¹⁾

EXERCICE 69.

bè   cè   cé   de   dè   fe
fè   fé   gè   gé   he   hé
hè   je   jé   lè   lé   mé

---

(1) Faire remarquer la différence entre *é* et *è*, dont les accents sont tournés en sens contraires. Cette leçon est très-importante et demande le plus grand soin, si l'on veut habituer l'enfant à une bonne prononciation.

mè nè pè se sè sé
pé te tè té vé ve
vè zé zè sè sé⁽¹⁾

EXERCICE 70.

mè re, è ve, pè re, pè ne, mè de
lè ve, è re, hè re, hè le, hé lé
fè ve, mè ne, pè le, sè me, se mé
sè ve, cé da, cè de, ce lé, cè le
gé mi, cè ne, ge lé, gè le, zé lé
a lè ne, a mè ne, é rè be, bi pè de
re pè re, a mè re, li bè re, li bé ré
ra mè ne, hé lè ne, é lè ve, é le vé

EXERCICE 71.

ré vé ré, ré vè re, re lè ve, vi pè re
re le vé, to lè de, ma dè re, mo dè le
mo de lé, pa tè ne, a dè le, ho mè re
mo dé ré, mo dè re, lo dè ve, bi rè me

---

(1) Prononcez ces deux syllabes zè, zé.

to lé ré, to lè re, ré vè le, ré vé lé
fi dè le, dé fé ré, dé fè re, ré fé ré
ré fè re, co lè re, mé cè ne, cy bè le
si rè ne, cy rè ne, se nè que, re cè le
re ce lé, dé cè de, dé cé dé, i sè re
lo zè re, mi sè re, so rè ze, ga lè re
hé li ce, hé cu be, a me né, vé gè ce

EXERCICE 72.

dé li bè re, dé li bé ré, ré i té ré
ré i tè re, dé lé tè re, ré vè le ra
ré mu né ré, ré mu nè re, pa la mè de
fè ve ro le, la ni fè re, ni co dè me
ré cu pé ra, ré cu pè re, cu ra tè le
ga ny mè de, o ri gè ne, co ma gè ne
mo ri gé né, dé gé né ré, di o gè ne
mo ri gè ne, dé gé nè re, pè le ri na ge

VINGT-QUATRIÈME LEÇON.

â ê î ô û

EXERCICE 73.

bâ   hâ   gâ   pâ   bê
rê   fê   dì   bì   cô
tô   mô   sû   mû   fû
vê   hê   bû   gê   mâ
pô   tê   râ   nê   rô
     fì   zô   gì

EXERCICE 74.

â me, o de, té nu, a mi, cô te
tê tu, â ge, co te, bâ le, a gi
mû re, fê ta, hâ lé, mu ni, pâ le
ha lé, sû re, gî te, ge lé, su bi
rô dé, gé mi, fê te, pâ te, gè re
fe ra, cô ne, gê ne, fè ve, dî né
rê va, rô ti, fê le, î le, jo li
râ pe, dî me, gâ te, mê lé, di te
ga ge, mû ri, ô te, te nu, gâ té

EXERCICE 75.

bê la, pâ me, tê te, fê té, rê ve, gî te
mô le, ô ta, pô le, rô da, fê lé, hâ te
dî ne, dô me, pâ mé, â gé, bê le, rô de
mê le, bâ ti, hâ té, dî mé, cô mé, râ le
bê te, co té, cô te, fê la, tô le, râ pé
vê tu, ê ta, pâ ti, â ne, bê lé, mê la
ô té, hâ ta, pâ té, bâ te, dô le, mâ te

EXERCICE 76.

rê ne, dî na, rê ve, pâ ma, bâ té, rô le
râ la, hô te, zô ne, mè ne, zô na
mê me, mo nô me, a bî mé, ba rê me
re bâ ti, fê lu re, sû re té, jé rô me
â gé e, rô ti ra, hâ ti ve, a rô me
a rê te, rô ti e, tâ te ra, bi nô me
dî né e, pâ tu re, vê ti ra, dé mê lé
a bî me, bo hê me, mê le ra, vê tu e

EXERCICE 77.

mê lé e, hâ te ra, dî ne ra, é tê té
dé mê lé, pâ tu ré, vê ti ra, dé mâ té
mû ri ra, dé vê tu, pâ ti ra, bê le ra

re vê tu, pà li ra, bâ ti ra, a bî ma
tê tu e, rô de ra, re vê te, rê ve ra
ca rê me, rê ve ri e, dé mê le ra
re vê tu e, pâ tu re ra, re vê ti ra
â ne ri e, dé vê tu e, re mê le ra
re bâ ti ra, pâ tu ra ge, é tê té e
dé vê ti ra, a bî me ra, a bî mé e

VINGT-CINQUIÈME LEÇON.

X [1]

EXERCICE 78 [2].

xe xé xa xi xy xo xu
xi xo xy xè xu xa xe
xa xi xe xu xa xé xy

---

(1) Consonne double (*x-cs*) dont la prononciation est très-variable. Toutefois, on n'aura à considérer, pour le moment, que les deux cas suivants :

X aura le son *gz* dans les mots commençant par *ex* ou *hex*; partout ailleurs *x* gardera sa valeur propre *cs*. Ainsi, *exilé*, *sexe*, se prononcent *eg zilé*, *sec se*.

L'*e* qui précède *x* a le son fermé *é*, mais ne prend pas d'accent.

(1) Prononcez *cse*, *csa*, comme dans *sexe*, *taxa*.

4.

EXERCICE 79.

se xe, ta xé, lu xe, fi xé, bo xe
mo xa, ta xe, xo lo, a xe, lu xé
sa xe, ve xa, ve xe, bu xy, ri xe
ma xi me, fi xi té, a ra xe
fi xe ra, me xi que, xé ni e
ve xé e, xa la pa, re la xé
me xi co, lu xu re, o xy de
ta xé e, ve xe ra, fi xé e
re la xa, le xi que, ta xe ra
xo ri de, o xy dé, to xi que
o xy da, na xi e, xy lo pe

EXERCICE 80 (1).

xe xé xa xi xy xo xu
xi xo xy xé xu xa xe
xa xi xe xu xa xé xy

---

(1) Prononcez *gxa, gxé*, comme dans *examine, exilé*.

EXERCICE 81.

e xi le, e xi lé, e xi la, e xi gu
e xé cu ta, e xa mi né, e xa gè re
e xo ti que, e xi lé e, e xi ge ra
e xa mi na, he xa go ne, e xi gé e
e xé cu té, é xé rè se, e xi le ra
e xa gé ré, e xa mi ne, e xé cu te

EXERCICE 82.

xy lo ne, e xi gé, xy li te, e xo de
xy lo me, xy lo pa le, o xa la te
e xa gé re ra, xy lé ti ne, xé no ma ne
xi mé ni e, e xa mi ne ra, xi mé nè se
xy lo co pe, o xy dé e, re la xe ra
re la xé e, e xa mi né e, o xy de ra
a ta xi que, pé ré fi xe, ro xe la ne
cy a xa re, dé so xy dé, dé so xy da
é qui no xe, po ly xè ne, e xa gé ra
pa ra do xe, py ro xè ne, o xy gé né e

EXERCICE 83.

o xa li que, xy lo mé e, e xé cu te ra
co to pa xi, e xo té ri que, o xy gè ne

o xy gé né, e xé cu té e, xu a rè ze
e xé gé ti que, dé so xy gé né, he xa-
go na le, he xa gy ni que, do xo lo gi e
to xi co lo gi e, he xa po le, hé té ro do xe
pa ra do xa le, dé so xy de ra, e xé cu-
ti ve, dé so xy dé e, a na xi mè ne
se xa gé si me, hy pé ro xy de, a na xa-
go re, é qui no xi a le, xy lo ca si a

MAJUSCULES

A E I Y O U
a e i y o u

EXERCICE 84.

A bî me. A mè re. A li zé. É bè ne.
É gi de. É pé e. I so lé. I ma ge. I ni que.
O bé i. O pè re. O xy de. U ni que.
U sa ge. U su re. Y a pa. Y o le. Y a ma.
U ni té. I do le. É lè ve. O ra ge. A vi so.
A zy me. É tê té. U ni ra. I dé e. U si ne.
A ga te. A rè ne. A co ly te. É pi so de.

U ti li té. O ri gi ne. I né ga le. Y é ta pa.
U ti li sa. O xy gè ne. E xa gé re ra.
Y é ni te. É qui pa ge. A na lo gi e.

B C D F G H
b, c d f g h

J K L
j k l

EXERCICE 85.

Bê la. Bi se. Bo xe. Ca fé. Cè de. Co ke.
Da me. Dî ne. Do se. Fa ce. Fê lé.
Fi xe. Ga ge. Gê ne. Gî te. Go be. Hâ le.
Hè re. Hô te. Ja se. Jo li. Ju ge. La que.
Lo gé. Lu xe. Ki lo. Ka li. Ko ba.
Hy è ne. Fi xe ra. Cy ni que. Ga lè re.
Dé ga gé. Cé su re. O gi ve. Ky ri é.
Ly cé e. Bo hê me. É ca le. Dî ne ra.
Ca du que. Ba ga ge. Gè le ra. Li qui de.
Ju bi lé. I rè ne. Ka by le. Ha que né e.
Ca ge. U se ra. Ca jo lé. Ca ry a ti de.

M N P Q R S
m n p q r s

T V X Z
t v x z

EXERCICE 86.

Mè re. Mu se. Mû re. Na ge. No ce.
Nu que. Pâ le. Pè re. Pi qué. Qua si.
Quê te. Qui ne. Ra ce. Rô dé. Ri xe.
Sa ge. Si se. Sû re. Ta xe. Tê te.
To ge. Vi sa. Va qué. Vé cu. Xa ca.
Xo lo. Xé ni e. Zè le. Zé ro. Zé lé.
Bé ni. Vi ce. Râ le. Ty pe. Sa xe.
Quê ta. Co que. Mê me. Pu ni. Ru sé.
Va se. Gâ té. Ju ry. Tô le. Vo lé. Sè me.
Pâ que. Qua li té. Ly re. My o pe.
Né go ci é. Quo ti té. Re quê te.
Sy ba ri te. Zi za ni e. Xé ra si e.
To pa ze. Xu a rè se. Zo di a que.
Pi qû re. My ri a de. Qua li fi e ra.

OBSERVATION. — L'enfant auquel on aura fait lire avec soin les 25 leçons qui précèdent, sera assez familiarisé avec la lecture pour qu'on puisse lui mettre entre les mains nos *Leçons nouvelles de lecture et de prononciation*, dont l'étude ne lui offrira plus aucune difficulté.

TABLE DES MATIÈRES.

	Pages.
1re LEÇON. — a, e, é, i, y, o, u	1
2e LEÇON. — **r** ra, re, ré, ri, ry, ro, ru	2
3e LEÇON. — **l** la, le, lé, li, ly, lo, lu	3
4e LEÇON. — **t** ta, te, té, ti, ty, to, tu	5
5e LEÇON. — **m** ma, me, mé, mi, my, mo, mu	8
6e LEÇON. — **n** na, ne, né, ni, ny, no, nu	11
7e LEÇON. — **d** da, de, dé, di, dy, do, du	15
8e LEÇON. — **p** pa, pe, pé, pi, py, po, pu	19
9e LEÇON. — **v** va, ve, vé, vi, vy, vo, vu	23
10e LEÇON. — **s** sa, se, sé, si, sy, so, su	26
11e LEÇON. — **f** fa, fe, fé, fi, fy, fo, fu	29
12e LEÇON. — **b** ba, be, bé, bi, by, bo, bu	31
13e LEÇON. — **h** ha, he, hé, hi, hy, ho, hu	34
14e LEÇON. — **z** za, ze, zé, zi, zy, zo, zu	36
15e LEÇON. — **j** ja, je, jé, ji, jy, jo, ju	38
16e LEÇON. — **g** » ge, gé, gi, gy	40
17e LEÇON. — » ga, » » » » go, gu	42

	Pages.
18e LEÇON. — c » ce, cé, ci, cy....................	45
19e LEÇON. — » ca, » » » » co, cu................	46
20e LEÇON. — k ka, ke, ké, ki, ky, ko, ku............	49
21e LEÇON. — q (qu) qua, que, qué, qui, quy, quo, qu..	50
22e LEÇON. — s (z) sa, se, sé, si, sy, so, su............	53
23e LEÇON. — e, é, è..................................	56
24e LEÇON. — ⟋ à, é, î, ô, û,........................	58
25e LEÇON. — x (cs), xa, xe, xé, xi, xy, xo, xu........	61
— x (gz), xa, xe, xé, xi, xy, xo, xu........	62
MAJUSCULES	64

Paris. — Imprimerie de ÉDOUARD BLOT, rue Saint-Louis, 46.
(Ancienne Maison Dondey-Dupré.)

Paris. — Imprimerie de ÉDOUARD BLOT, rue Saint-Louis, 46.
(Ancienne Maison Dondey-Dupré.)

www.ingramcontent.com/pod-product-compliance
Lightning Source LLC
LaVergne TN
LVHW051502090426
835512LV00010B/2301